DIE KLEINE KOMISCHE BIBLIOTHEK

BAND 9

JOACHIM RINGELNATZ

ICH HATTE LEIDER ZEIT

Ausgewählt von
Harry Rowohlt

KEIN & ABER

Alle Rechte vorbehalten
Copyright © 2009 by Kein & Aber AG Zürich
Coverillustration: Volker Kriegel
Gestaltung und Satz: Anna Meyer
Druck und Bindung: Kösel GmbH, Krugzell
ISBN 978-3-0369-5265-9

www.keinundaber.ch

INHALT

7   *Guter Rausch*
9   *Aus Bad Tölz an den Onkel*
11 *Kühe*
12 *Über Finnland*
13 *Aufgebung*
14 *Ruf zum Sport*
16 *Graz*
17 *Königsberg in Preußen*
19 *Genau besehn*
20 *Chartres*
22 *Jerusalem*
24 *Ausflug nach Tirol*
26 *Meditation*
28 *Antwort an einen Kollegen*
29 *Meine Tante*
30 *Der Seriöse*
32 *Zehn Mark, My Dear*
34 *Tierschutz-Worte*
36 *Ich raffe mich auf*
38 *Stammtischworte*
40 *Draußen schneit's*
43 *Einsiedlers Heiliger Abend*
45 *Kostümball-Gedanken 1928*
48 *Schlechter Tag*
49 *Freundschaft (Erster Teil)*
50 *Freundschaft (Zweiter Teil)*
51 *Spielball*

52 *Morsche Fäden*
54 *Mutter Frühbeißens Tratsch*
56 *Feierabendklänge eines einhändigen Metalldrehers an seine Frau mit preisgekrönten Beinen*
58 *Nachtgalle*
59 *Das Gesellenstück*
62 *Die neuen Fernen*
63 *Es lohnt sich doch*
64 *Sehnsucht nach Zufall*
65 *So gut wie schlecht*
66 *Wo ist der Mensch, den …*
67 *Spute Dich!*
68 *Stille Straße*
69 *Wie mag er aussehen?*
70 *Was ist Kunst?*
71 *Herbst*
72 *Sinnender Spatenstich*
74 *Stuttgarts Wein- und Bäckerstübchen*
75 *Gnädige Frau, bitte trösten Sie mich*
76 *Gedicht mit »Variationen« aus der Erzählung »Das Gedicht«*
78 *Gespräch im Sturm auf der Raa*
80 *Der sächsische Dialekt*
81 *Lautsprecher*
82 *Störtebekerlied*
84 *Fortschritt*
86 *Schallplatten*
88 *Tango*
89 *Vergehe Zeit!*
90 *Dreijähriger Seifenbläser*
91 *Jene kleinsten ehrlichen Artisten*

GUTER RAUSCH

Denken wir jetzt nicht an den Halunken,
Der betrügt, indem er sich besäuft,
Auch nicht an den andern, der betrunken
Schimpft und androht oder Amok läuft,

Nicht an Witzler, nicht an Vielversprecher,
Noch an den, der morgen früh bereut,
Der am Tag vor Nacht- und Nacktheit scheut.
Was ich meine, gilt für andere Zecher.

Ihrer denk ich. Nach dem sechsten Glase,
Oder nach dem dritten oder zehnten,
Kommen sie – nicht etwa in Ekstase –
Sondern in den variiert ersehnten

Zustand, klar und dennoch mild zu sehn,
Mild zu horchen auf die andern, Fremden,
Und wie Engel in schneeweißen Hemden
Sozusagen vor sich selbst zu stehn.

Manchmal schießen sie mit der Pistole
Dann in sich ein ewig tiefes Loch.
Manchmal lächeln sie und trinken noch
Kognak, Zwetschenwasser, Sekt und Bowle.

Aber immer nehmen sie sich vieles
Vor und nehmen vieles still zurück
Und erkennen in Betreff des Zieles
Und der Zukunft ihren Weg zum Glück.

Und man wird um solch entrückte Zeit
Sie beneiden, und man wird sie lieben. –
Wenn sie doch – zu frühem Tod bereit –
Unverändert derart trunken blieben!

AUS BAD TÖLZ AN DEN ONKEL

Was doch die Weiber für sonderbare Ideen
Sozusagen wie Bienen ausschwitzen:
Wie wir (Anna fuhr mit mir! Also zu zween!)
Jetzt in Bad Tölz ein Viertel vor zehn
Beim Frühstück (Sülze mit Schoppenwein) sitzen
Und finden alles »delightful« »ergötzlich«,
Und reden zufällig über die Schwaben
Und Bayern und Sachsen,
Äußert Annaweib plötzlich:
Sie möchte so gern ein Kamerunbaby haben,
Aber es dürfe nicht größer wachsen.

Als könnte man solchem Kinde nachts,
Was es tagsüber wächst, wieder abschneiden!

Was soll der Unsinn nun bedeuten!
Aber so sind die Weiber. Und schließlich: Was macht's!
Schweinfurtig schwemmt sich die Isar vor unseren Blicken.
So muss der Isonzo wohl ungefähr sein.

Wir beten zum Himmel, er möge schlecht
Wetter schicken,

Sonst wird der Kursaal zu meinem Gastspiel ganz leer sein.

Du warst so lieb, lieber Onkel du,
Mir ein Netzhemd zu senden.
Es ist viel zu weit. Aber meine Frau nähte es zu,
Und lässt sich herrlich zur Aufbewahrung von Zwiebeln verwenden.

Ich kann dir auch eine winzige Freude machen,
Hab für deinen Stammtisch einen ganz neuen Witz.
Du wirst dich in Stücke lachen!

Es kommt ein Jude zum alten Fritz
Und stottert verlegen: »Verzeiht, Exzellenz – – «
Der König lässt ihn nicht weitersprechen.
»Wie heißt? – Was will er mit Exzellenz?«
Unterbricht er ihn schnell – – –

Verzeih! Ich muss mich jetzt auch unterbrechen.
Man sagt mir eben: In meinem Hotel
Brennt's!

KÜHE

Wie in der ersten Frühe
Der Nebel feig
Sich dünne macht, stehn auf der Wiese Kühe,
Und eine davon klackst jenen erstaunlich viel
grünen Teig.

Als wie im Paradiese!
Warme Mastbäuche rauchen,
Rührende Rotzmäuler tauchen
In die Champagnerbläschen der Wiese.

Sie wandeln mit viehischer Majestät
Innerhalb ihrer Grenze,
Schieben das Restchen von Nervosität
In die Quaste ihrer Schwänze,

Und ihre Euter schwappeln und schlenkern
So hunds – glücklich gemein – –
Auch unter den Fürsten und ersten Künstlern
und Denkern
Benehmen sich manche wie ein Schwein.

ÜBER FINNLAND

Wie ich mich auf die Reise zur See,
Auf Helsingfors und die Finnmark freute!
Und nun erfahre ich heute:
Jenes finnische Varieté
Sei pleitegegangen.
Ich könnte Entschädigung verlangen,
Aber die Leute sind restlos bankrott.
Wovon wir beide dann im Mai
Leben sollen, das weiß nur Gott.
Nun bin ich einen Monat lang frei,
Kann abends rechtzeitig schlafen gehen,
Kann wieder einmal ein Theaterstück sehn.
Wär Geld, wir könnten die ganze Zeit
Mal bürgerlich behaglich zu zweit,
Die Abende zu zweit allein
In mein – dein – unserm Heim verleben.
Ach Helsingfors soll herrlich sein.
Es soll dort ernste Menschen geben,
Für Kunst empfänglich, ehrlich, gut, –
So destilliertes Fischerblut –
In Spiritus gesetzte Herzen.
Bezaubernd soll die Landschaft sein. –
Jetzt krieg ich auch noch Rückenschmerzen.
Ein Unglück kommt halt nie allein.

AUFGABE

Ich lasse das Schicksal los.
Es wiegt tausend Milliarden Pfund;
Die zwinge ich doch nicht, ich armer Hund.

Wie's rutscht, wie's fällt,
Wie's trifft – so warte ich hier. –
Wer weiß denn vorher, wie ein zerknittertes
Zeitungspapier
Weggeworfen im Wind sich verhält?

Wenn ich noch dem oder jener (zum Beispiel dir)
Eine Freude bereite,
Was will es dann heißen: »Er starb im Dreck«? –
Ich werfe das Schicksal nicht weg.
Es prellt mich beiseite.

Ich poche darauf: Ich war manchmal gut.
Weil ich sekundenlang redlich gewesen bin. –
Ich öffne die Hände. Nun saust das Schicksal dahin.
Ach, mir ist ungeheuer bange zumut.

RUF ZUM SPORT

Auf, ihr steifen und verdorrten
Leute aus Büros,
Reißt euch mal zum Wintersporten
Von den Öfen los.

Bleiches Volk an Wirtshaustischen,
Stellt die Gläser fort.
Widme dich dem freien, frischen,
Frohen Wintersport.

Denn er führt ins lodenfreie
Gletscherfexlertum
Und bedeckt uns nach der Reihe
All mit Schnee und Ruhm.

Doch nicht nur der Sport im Winter,
Jeder Sport ist plus,
Und mit etwas Geist dahinter
Wird er zum Genuss.

Sport macht Schwache selbstbewusster,
Dicke dünn, und macht
Dünne hinterher robuster,
Gleichsam über Nacht.

Sport stärkt Arme, Rumpf und Beine,
Kürzt die öde Zeit,
Und er schützt uns durch Vereine
Vor der Einsamkeit,

Nimmt den Lungen die verbrauchte
Luft, gibt Appetit;
Was uns wieder ins verrauchte
Treue Wirtshaus zieht.

Wo man dann die sporttrainierten
Muskeln trotzig hebt
Und fortan in Illustrierten
Blättern weiterlebt.

GRAZ

Man hatte mir viel Angst gemacht.
Ich fuhr nach Graz als wie zur Schlacht.
Doch unterwegs – ich kam aus Wien –
Sah ich schon wechselweise
Berge aus Schnee und Berge grün.
Da reimte ich auf »Reise«
Mir guten Trost. Und wurde kühn:
Der Schnee zerschmilzt, und ein Tag zerschmilzt.
Und Wälder sah ich und Kühe
Und Wiesen, olivenfarbig befilzt.
Ich sagte mir immer wieder bis Graz:
Gib dir nur trotzdem viel Mühe.
Und kam an und tat's.
Wenn ich in der Rosenkranzgasse dann
(Die kennt nur der Eingeborne)
Eine fesche Grazer Verlorne
– nach jener vorerwähnten Schlacht
Am Abend – in der Nacht gewann,
Und beides ganz unstreitig,
So ward mir solches Siegen
Dadurch sehr leicht gemacht,
Dass sich die Grazer gegenseitig
Meist in den Haaren liegen.

KÖNIGSBERG IN PREUSSEN

Ich habe – fall nicht um vor Schreck –
Ein richtiges Gedicht gemacht.
Und ist sogar ein gut Gedicht!
Ich dichtete im Blutgericht
Bei Sekt und Königsberger Fleck.
Ich nenne es »Sehnsuchtsschwüle Nacht« –
Das sind Gedärme und Eingeweide.
Es ist nach Meinung von zwei Soldaten,
Die selber dichten, sehr schön geraten.
Der Inhalt ist »Mondschein – Liebespaar –
Heide«.
Es fehlen mir noch die letzten zwei Zeilen.
Ich sende dir später eine Kopie.
Ich will auch noch an der Überschrift feilen.
Man tut sich schwer mit der Poesie.
Doch ich glaube, dass ich noch manches mache.
Das Reimen ist übrigens Nebensache.
Es muss nur gewisse Eindrücke auslösen.

Hier weht so ein frischer östlicher Wind.
Ich bin im Schloss und Universität
Und einmal bei Journalisten gewesen.
Die nach allen Seiten gebildet sind.
Nur ist es morgens hier immer sehr spät.

Und auch auf dem Viehmarkt herrscht Tempo
und Leben.
Man muss sich in alles einmal vertiefen.
Wie sich die Metzger dort Handschlag geben,
Zum Beispiel, – das schildert sich gar nicht in
Briefen.
Und ist auch nicht weiter interessant.

Aber lies mal Immanuel Kant.
Das sind natürlich nicht Liebesgeschichten,
Sondern ein Philosophengenuss.
Morgen bin ich in Memel. – Jetzt muss
Ich weiter Sekt trinken und feilen und dichten.

GENAU BESEHN

Wenn man das zierlichste Näschen
Von seiner liebsten Braut
Durch ein Vergrößerungsgläschen
Näher beschaut,
Dann zeigen sich haarige Berge,
Dass einem graut.

CHARTRES

Kirchenfenster, Kirchenfenster,
Kirchenfenster, Kirchenfenst …
Hoch im Dachgebälk der Kathedrale
Sahen meine Freunde viel Gespenster.
Ich sah nur ein einziges, das internationale,
Ewige, gottfröhliche Gespenst,
Das nicht nur in Kathedralen,
Sondern auch im Zöster und im Faust,
Auch in Püffen und in Apfelsinenschalen
Oder sonstens wo für den und jenen haust.
Der Professor, welcher im Beruf
Und bei seinen Leuten
An sehr erster, prominenter Spitze steht,
Wusste, wer das alles und wie und warum er's schuf:
Und er bat die Freunde, ihn zu bitten, uns zu deuten.
Und dann konnte er geflüssig, klar und sinnig
Steine, Formen, Farben lesen.
Und doch vor den schönen Kirchenfenstern bin ich

Damals glücklich ganz fernanderswo gewesen.
Doch dem Kirchendiener hab ich lange
Zugeschaut – das hat mich zweitens intressiert –.
Wie der Kerl mit einer Eisenstange
Und mit einem Holzpantoffel raffiniert
Eine Maus beschlich.
Ach, die hatte sich
Scheu verirrt. – Nun mag man nicht vergessen,
Dass oft Mäuse ohne Ehrfurcht oder Scham:
Bibeln, Samt und Christusnasen fressen.
Doch ich freute mich
Ungeheuerlich,
Als die Kirchenmaus dem Kirchendiener doch
entkam.

JERUSALEM
(An ein Dienstmädchen in Straßburg i.d. Uckermark)

Mein Gold, was sagst denn du dazu,
Dass mich ein Flieger nach Jeru-
Salem hat mitgenommen?
Man isst hier gut und trinkt sehr viel,
Und zweimal bin ich schon am Nil
Im Delta rumgeschwommen.

Die Stadt hat sehr viel Ähnlichkeit
Und urantike Hallen.
Jedoch man wird von Zeit zu Zeit
Von Räubern angefallen.

Die Leute hier sind ziemlich braun
Und heißen Zionisten;
Inwendig aber sind die Fraun
Genau wie bei uns Christen.

Ich habe zehn Moscheen gesehn
Und sprach mit Beduinen.
Ihr Türkisch konnt ich nicht verstehn,
Wohl aber ihre Mienen.

Am Sonntag kam auf einem Gnu
Der Sultan aus der Wüste,
Und als ich keck ihn mit »Jeru-
Salem Aleikum!« grüßte,

Da lud er mich in sein Palais
Und ließ mich dort entkleiden
Und schenkte mir sein Portemonnaie
Und wollte mich beschneiden.

Ich aber schlich mich leise fort
Und floh im weiten Bogen. –
Mein liebes Gold, auf Ehrenwort:
Ich hab noch nie gelogen.

AUSFLUG NACH TIROL

Kann man das Jodeln wohl
In meinem Alter lernen?
Nie war, wie in Tirol,
Ich derart nah an den Sternen.

Ich sah vom Stripsenjoch
Drüben an steiler Wand
Leute aufs Totenkirchl kraxeln,
Wahrscheinlich Sachseln
Aus Hosenträgerland.
Aber kühn und schön war es doch.

Was ich um Hochwürden dann
Später in Sankt Johann
Sang, lebte und sprach in der »Post«,
Schmeckte wie Herz am Rost
Nach ausgegangener Hochtouristenkost.

Alm und Kuhstall, fette Weiden,
Bärenwirt und Sennerin –
Wo ich durchgegangen bin,
Schien mir alles zum Beneiden.
Nur die Wandervögel, die
Einem jede Poesie

Und den Appetit verleiden,
Mocht ich meiden.

Alle Tiroler sind
Keine Amerikaner.
Wäre ich eine Mutter mit Kind,
Ich nährte mein Kind mit Terlaner.

Im Kursalon in Kitzbühel
Da ist des Nachts der Sekt so kühel.
Ich muss die Gäste loben,
Die zur Musik dort oben
So vornehm tanzen und schweigen,
Um ja nicht mehr zu zeigen
Als ihre hochmodernen Garderoben.

Ich möchte ein wilder Gebirgsbach sein,
Klar, schäumend, rauschend und blinkend,
Unhaltsam kämpfend von Stein zu Stein
Mich an mir selber betrinkend.
Dass ich mein Kragenknöpfchen verlor,
Kommt schließlich auch einmal anderwärts vor.
Du, mein einziges Tirol,
Lebe wohl! Lebe wohl!

MEDITATION

Wolleball hieß ein kleiner Hund,
Über den ein jeder lachte,
Weil er keine Beine hatte und
So viel süße Schweinereien machte.

Warum ist man überall geniert?
Warum darf man nicht die Wahrheit sagen?
Warum reden Menschen so geziert,
Wenn sie ein Bein übers andre schlagen?

Um dies überschätzte homo sum
Werd ich täglich wirrer und bezechter.
Ach, die Schlechtigkeit ist gar zu dumm,
Doch die Dummheit ist noch zehnmal schlechter.

Hat der Wolleball von seinem Herrn
Nichts gewusst, nur Launen mitempfunden,
Hatte der ihn andrerseits sehr gern
Und verstand im Grunde nichts von Hunden.

Er ist tot, auf den ich solches dichte.
Mir ist wurscht, wo sein Gebein jetzt ruht.
Aber die Pointe der Geschichte
Muss ich sagen: Er war herzensgut.

Und sein Wolleball war gut. Er grollte
Nie. Ein einzig Mal nur biss
Er nach mir, als ich verhindern wollte,
Dass er wieder in die Hausschuh schiss.

ANTWORT AN EINEN KOLLEGEN

Ob du Artist, ob du Franz Liszt,
Ein Christ, ein Mist, ein sonst was bist, –
Bezweifle es. Und dir zum Heil
Bezweifle auch das Gegenteil.

Was dir die Ideale nimmt,
Der Satz: dass nichts, was zutrifft, trifft,
(Ein Satz, der darum selbst nicht stimmt)
Ist nur für Überlegene Gift.

Doch hüte dich, an diesen Satz
Zu glauben, gar ihn zu betonen.
Freu dich an Hatz und Schmatz und Spatz,
An Unzucht oder Kaffeebohnen.

Doch sollte etwas in dir wohnen,
Bewirkend, dass du mich verstehst
Und lachst und dankbar weitergehst
Und dennoch etwas Bessres weißt,
Dann glaub ich, dass du richtig reist.

MEINE TANTE

Meine Tante ist eine Blinde
Und obendrein geistesgestört,
Was ich doch noch rüstig empfinde,
Weil sie auf dem einen Ohr hört.

Ihr Rückgrat ist wie ein Henkel.
Sie geht deshalb etwas gebückt.
Doch hat sie am oberen Schenkel
Ein Grübchen, das jeden entzückt.

Ein Grübchen, wie manch eine Haut hat,
Nur zarter und doch wieder stark,
Dass jeder, der es geschaut hat,
Erfreut etwas zahlt. Meist drei Mark.

Sie hat Perioden mit Äther.
Ich breche mitunter mit ihr
Beziehungen ab, die ich später
Erneure bei angeblich Bier.

Denn sie ist doch eine volle
Mimosengestalt, ein Genie,
Und immer noch unter Kontrolle.
Ich garantiere für sie.

DER SERIÖSE

Wo ich abends Weißwürste fresse,
Da sitzt oft drei Tische weit
Vor mir ein Herr von Noblesse,
Sehr groß, sehr ernst und sehr breit.

Sein Haar und Bart, seine Kleidung
Sind einwandfrei und gepflegt,
Wie er unter steter Vermeidung
Sich einwandfrei sicher bewegt.

Wie ihn die Kellner bedienen,
Ist er ein Fürst oder reich.
Doch bleibt das Spiel seiner Mienen
Jederzeit würdig und gleich.

Wenn diese würdig seriöse
Erscheinung vorübergeht,
Dann ist mir, als ob mein Gekröse
In Hirn und Leib sich verdreht.

Denn wenn er mit seinen Blicken
Mich streifte – das fühle ich klar –,
Ich würde zusammenknicken
Und nimmer sein, was ich war.

Doch ohne seitwärts zu schauen,
Schreitet er durchs Lokal.
Seine gerunzelten Brauen –
Wie alles an ihm – sind aus Stahl.

Und seine Schritte lenken
Sich dahin, wohin man nicht sieht.
Ich wage nicht auszudenken,
Was er dort etwa vollzieht.

Ach, ich bin klein, ich bin böse.
Mein Herz ist auch nicht ganz rein.
Ach dürfte ich solche seriöse
Persönlichkeit einmal sein!

ZEHN MARK, MY DEAR

Heusinger war heute bei mir.
Ob ich morgen mit zum Rennen käme,
Weil doch wieder mal sein Pferd My Dear
An dem Derby teilnehme.

Das dumme Tier My Dear
Ist noch gar nicht hier.
Aber es kommt vielleicht,
Abgeschickt ist es;
Hat aber noch nie ein Ziel erreicht.

Den ganzen Tag frisst es.

Selten steht es.
Meistens liegt es.
Ganz langsam geht es,
Es sei denn: Man schiebt es,
Oder wenn es Hafer sieht, dann fliegt es.
Niemals aber, niemals siegt es.
So ein Pferd! Und so was gibt es!
Heusinger natürlich liebt es.

X-Beine hat's
Und sieht aus wie ungeboren.
Fünf Mark Sieg und fünf Mark Platz
Hab ich Rindvieh an dem Ross verloren.

Niemals wieder werde
Ich bei einem Rennen
Wetten, ohne Pferde
Vorher ganz genau zu kennen.

Stelle dir doch einmal vor:
Zehn Mark Leberkäse! Zehn Mark Bier!
Oder sonst was, was ich an My Dear
Sozusagen Knall und Fall verlor.

Nein, man soll nicht aufs Geratewohl riskieren.
Dann schon lieber in der Lotterie
Was gewinnen, als um solch ein Vieh
Auf betrügerische Art sein Geld verlieren.

TIERSCHUTZ-WORTE

Seien Sie nett zu den Pferden!
Die Freiheit ist so ein köstliches Gut.
Wie weh Gefangenschaft tut,
Merken wir erst, wenn wir eingesperrt werden.

Seien Sie lieb zu den Hunden!
Auch zu den scheinbar bösesten.
Kein Mensch kann in Ihren schlimmen Stunden
Sie so, wie ein Hund es kann, trösten.

Gehen Sie bei der Wanze
Aufs Ganze.
Doch lassen Sie krabbeln, bohren und graben
Getier, das Ihnen gar nichts entstellt.

Alle Tiere haben
Augen aus einer uns unbekannten Welt.

Kochen Sie die Forelle nicht
Vom Kaltwasser an lebendig!

Auch jeder Gegenstand hat sein Gesicht,
Außen wie inwendig.
Und nichts bleibt vergessen.

Die Ewigkeit, die Unendlichkeit
Hat noch kein Mensch ausgemessen,
Aber der Weg dorthin ist nicht weit.

Suchen Sie jedwede Kreatur
In ihr selbst zu begreifen.
Jedes Tier gehorcht seinem Herrn.

Sich selber nur
Dürfen Sie – und sollen es gern –
Grausam dressieren (die Eier schleifen).

ICH RAFFE MICH AUF
(Einem Freund zum Dreißigsten gewidmet)

Der Nachttopf klirrt. Ich bin entschlossen!
Der Doornkaat hat mich umgestimmt.
Wenn jetzt auch alles in der Stube schwimmt,
Ist doch noch lang kein Blut vergossen.

Der Spiegel kracht. Was will das heißen?
Was er uns spiegelt, ist verkehrt.
Ritz-Ratsch – ich muss mein Federbett zerreißen.
Denn Eigentum ist Dreck, der nur beschwert.

Hei, Wind gemacht! Die Federn stieben.
Den deutschen Seemann schreckt der Seesturm nicht.
Er denkt, den Tod vor Augen, seiner Lieben. –
Ach was – Quatsch: Lieben –. Bums! ein Schrank zerbricht.

Der Schrank ist mein, und ich bin frei.
Und wenn er mir auch nicht gehörte – –
Wie wär's, wenn ich das Fenster mal zerstörte?
Päng! – schlitterkläng – – Es ist entzwei!

Plautz – liegt mein Ofen. Er wog tausend Kilos.
Wo ist mein Frack? – Ich habe Blut geleckt. –
Zu lange war ich schwach und energielos.
Dein Doornkaat, Rosie, hat mein Blut geweckt.

STAMMTISCHWORTE

Wenn ein Schiffbruch dich ins nasse Element
Setzte. Wenn, wie es der Seemann nennt,
Kälberköpfe auf dem Meere zischen
Und ein Rettungsboot sich dir näherwürgt,
Ja, dann ist noch lange nicht verbürgt,
Ob sie dich erwischen.

Wenn du eine Blase wie ein Hai,
Eine Nase wie ein Papagei
Oder Flossen an den Ohren hättest,
Fragt es dennoch sich,
Ob du dich
Rettest. – – –

Meinetwegen lasse dir dein Leben
Hoch versichern und dir Vorschuss geben.
Wollen sehen, wie der Hase läuft.
Doch ich wär der Erste, der sich freute,
Wenn dein Erbe, wenn du heute
Fern auf See ertränkest, morgen auch ersäuft.

Manchmal spart Ertrinken das Begraben. –

Wärst du nicht schon gar so alt und mürbe,
Wünschte ich mir, dass ich vor dir stürbe.
Jetzt will ich noch einen Whisky haben.

DRAUSSEN SCHNEIT'S

Wir hatten ein Schaukelpferd vorher gekauft.
Aber nachher kam gar kein Kind.
Darum hatten wir damals das Pferd dann Bubi
getauft. –

Weil nun die Holzpreise so unerschwinglich sind;
Und ich nun doch schon seit Donnerstag
Nicht mehr angestellt bin, weil ich nicht mehr
mag;
Haben wir's eingeteilt. Und zwar:

Die Schaukel selbst für November,
Kopf und Beine Dezember,
Rumpf mit Sattel für Januar.

Ich gehe nie wieder in die Fabrik.
Ich habe das Regelmäßige dick.
Da geht das Künstlerische darüber abhanden.
Wenn die auch jede Woche bezahlen,
Aber nur immer Girlanden und wieder Girlanden
Auf Spucknäpfe malen,
Die sich die Leute doch nie begucken,
Im Gegenteil noch drauf spucken, – –
Das bringt ja ein Pferd auf den Hund.

Als freier Künstler kann ich bis mittags liegen
Bleiben. – Na und die Frau ist gesund.
Es wird sich schon was finden, um Geld
beizukriegen.
Anna und ich haben vorläufig nun
Erst mal genug mit dem Bubi zu tun.
Rumpf zersägen, Beine rausdrehn,
Nägel rausreißen, Fell abschälen.
Darüber können Wochen vergehn.
Das will auch gelernt und verstanden sein,
Sonst kann man sich daran zu Tode quälen.
Solches Holz ist härter als Stein.
Dann spalten und Späne zum Anzünden schneiden
Und tausenderlei.
Aber das tut uns gut, uns beiden,
Sich mal so körperlich auszuschwitzen.

Außerdem kann man ja dabei
Ganz bequem auf dem Sofa sitzen;
Raucht seine Pfeife, trinkt seinen Tee,
Und vor allem: Man ist eben frei!
Man hat sein eigenes Atelier.
Man hat seinen eigenen Herd;
Da wird ein Feuerchen angemacht –

Mit Bubipferd –,
Dass die Esse kracht.
Und die Anna singt und die Anna lacht.

Da können wir nach Belieben
Die Arbeit auf später verschieben.
Denn wenn man das Gas uns sperren lässt
Oder kein Bier ohne Bargeld mehr gibt,
Dann kriechen wir gleich nach Mittag ins Nest
Und schlafen, solange es uns beliebt.

Freilich: Der feste Lohn fällt nun fort,
Aber die Freiheit ist auch was wert.
Und das mit dem Schaukelpferd
Ist jetzt unser Wintersport.

EINSIEDLERS HEILIGER ABEND

Ich hab in den Weihnachtstagen –
Ich weiß auch, warum –
Mir selbst einen Christbaum geschlagen,
Der ist ganz verkrüppelt und krumm.

Ich bohrte ein Loch in die Diele
Und steckte ihn da hinein
Und stellte rings um ihn viele
Flaschen Burgunderwein.

Und zierte, um Baumschmuck und Lichter
Zu sparen, ihn abends noch spät
Mit Löffeln, Gabeln und Trichter
Und anderem blanken Gerät.

Ich kochte zur heiligen Stunde
Mir Erbsensuppe mit Speck
Und gab meinem fröhlichen Hunde
Gulasch und litt seinen Dreck.

Und sang aus burgundernder Kehle
Das Pfannenflickerlied.
Und pries mit bewundernder Seele
Alles das, was ich mied.

Es glimmte petroleumbetrunken
Später der Lampendocht.
Ich saß in Gedanken versunken.
Da hat's an die Türe gepocht,

Und pochte wieder und wieder.
Es konnte das Christkind sein.
Und klang's nicht wie Weihnachtslieder?
Ich aber rief nicht: »Herein!«

Ich zog mich aus und ging leise
Zu Bett, ohne Angst, ohne Spott,
Und dankte auf krumme Weise
Lallend dem lieben Gott.

KOSTÜMBALL-GEDANKEN 1928

Es wechseln die Moden.
Aber der Hosenboden
Sitzt sinngemäß
Immer unterm Gesäß.

Mücken und Massenfische
Schwimmen ganz anders umeinand.
Beine wissen sich unter dem Tische
Zu benehmen, niemals die Hand.

Keine Teile schalten
Aus; ein jedes spielt Spiel.
Strumpffalten zum Beispiel enthalten
An Bedeutung viel.

Jedes tut, als ob wär.
Scheinbar will niemand fischen.
Diesmal ist viel Revolutionär
Und Junges dazwischen.

Stierkämpfer und Kuhfraun,
Cowboys und Kurze Wichs.
Die nur humorlos zuschaun,
Sind nix.

Dünner Nepp oder Dick-Nepp –
Wie man sich gegenwagt –
Erzielt – wie man in Virginia sagt –
Back-door-quick-step.

Rhythmus macht viel ... Auch Haare.
Selten reißen gedachte Stellen entzwei.
Leider ist alle Jahre
Wieder die alte Ziege dabei.

Wärmend sind zwischendurch und durch
Schnäpse und Sekte.
Abkühlend wie ein Lurch oder Schirurch
Wirken Dialekte.

Bunt stimmt viel froher
Als beispielsweise Grau.
Aber viel sowiesoer
Reizt der Busen der Frau.

Schön ist stets das Originelle,
Weil's von Erfindung zeugt.
Doch das passt nicht: wenn eine Sardelle
Vor dem Auerhahn ihr Knie beugt.

Das nächste Mal gedenke ich
Als ganz Nackter mitzumachen.
Und auch dies Kostüm verschenke ich.
Nur damit die Leute lachen.

SCHLECHTER TAG

Müde streichen meine Finger
Über Runzeln, über Narben,
Über graue Haare.

Prost, ihr Freunde, die in diesem Jahre
Mir entstarben! – Bums!!
Bums und klirr!! – Nun hab ich sozusagen
Instinktiv
Eine Fliege totgeschlagen.
War es nicht, als ob sie Hilfe rief?!

Glas kaputt. So! Und jetzt löst mein vierter,
Letzter Knopf sich scheu von Hose und Faden.
Muss ich alles, alles ausbaden!?
Ach, ich werde immer deprimierter.

Wenn doch eine Motte jetzt geflogen käme.
Ach, ich würde sie zu Plüschsesseln einladen.
Und noch Samt ihr hinlegen,
Weil ich mich doch wegen
Der Fliege so schäme.

FREUNDSCHAFT
Erster Teil

Es darf eine Freundschaft formell sein,
Muss aber genau sein.
Eine Freundschaft kann rau sein,
Aber muss hell sein.

Denn Allzusprödes versäumt oder verdirbt
Viel. Weil manchmal der Partner ganz plötzlich stirbt.

Mehr möchte ich nicht darüber sagen.
Denn ich sitze im Speisewagen
Und fühle mich aus Freundschaft wohl
Bei »Gedämpfter Ochsenhüfte mit Wirsingkohl«.

FREUNDSCHAFT
Zweiter Teil

Die Liebe sei ewiger Durst.
Darauf müsste die Freundschaft bedacht sein.
Und, etwa wie Leberwurst,
Immer neu anders gemacht sein.

Damit man's nicht überkriegt.
Wer einmal den Kanal
Überfliegt,
Merkt: Der ist so und so breit.
Und das ändert sich kaum
In menschlein-absehbarer Zeit.
Wohl aber kann man dies Zwischenraum
Schneller oder kürzer durchqueren.
Wie? Das muss die Freundschaft uns lehren.

Ach, man sollte diesen allerhöchsten Schaft,
Immer wieder einmal jünglingshaft
Überschwenglich begießen.
Eh' uns jener ausgeschlachtete
Knochenmann dahinrafft.

SPIELBALL

Es weint ein Kind.
Ein Luftballon mit dünnem Zopf
Und kleiner als des Kindes Kopf
Entflieht im Wind.

Und reist und steigt verwegen.
Ein Nebel wallt.
Ein Fehlschuss knallt.
Dann fällt ein sanfter Regen.

Rundrote Riesenbeere
Rollt müde und verschrumpft
In einem Wipfelmeere,
Hat austriumpht.

Witziger Kräherich
Bringt seinem Bräutchen
Ein hohles Häutchen,
Die aber ärgert sich.

MORSCHE FÄDEN

Zu einem Trödler
Kam ein Greis mit einer sauern
Gurke,
Sprach: »Ich bin ein Gnadenbrötler
Bei einem Bauern.
Der ist ein Schurke.

Diese Gurke bringe ich aus Not.
Kleine Knöpfe möchte ich dafür.
Denn man kann sich nicht mit Gnadenbrot
Knöpfe kaufen für die Hosentür.«

Und der Trödlersmann verschmähte
Nicht die Gurke noch des Greises Wort,
Denn der kam ihm sehr bedürftig vor,
Sondern bückte sich und nähte
Hundert goldne Knöpfe ihm sofort
Eigenhändig an das Hosentor.

Und der Greis sprach: »Danke« und verneigte
Sich und ging mit offnem Hosenlatz
Selig durch die Straßen, und er zeigte
Allen Menschen seinen goldnen Schatz.

Bis ihn schließlich ein gewisses
Schicksal in ein Irrenhaus berief,
Ob Erregung öffentlichen Ärgernisses.
Bis er Knöpfe schluckte und entschlief.

MUTTER FRÜHBEISSENS TRATSCH

Wenn der über die Straßen ging:
Sechs Schritte vor ihm wurden die Vögel stumm,
Fielen die Pferde, kippte die Trambahn um,
Stürzte die Schwalbe herab und der Schmetterling,
Erbrachen sich Damen, krümmten sich Hunde. –

So roch das Schwein aus dem Munde.

Aber der kann nichts dafür.
Die Frau von dem Sohn, wo Paula die Semmeln holt, neben Weyl,
Deren Schwester hat auch solch ein Magengeschwür.
Das kommt gar nicht aus dem Halse. Im Gegenteil.

Da hilft kein Pfeffermünz und kein Höllenstein.
Kein Tabak. Alle Säuren hat der durchgekostet.
Die ganze Zunge ist ihm schon hinten zerrostet.

Und stinkt immer noch wie ein Schwein.

Das geht auf keine Kuhhaut, was der erduldet.
So einer ist ja zu nichts zu gebrauchen.
Und will doch auch einmal atmen wie wir, und
hauchen.

Wenn er mir auch noch sieben Mark schuldet.

FEIERABENDKLÄNGE EINES EINHÄNDIGEN METALLDREHERS AN SEINE FRAU MIT PREISGEKRÖNTEN BEINEN

Ich hätte dem Hinz ein Ohr abgebissen?!
Wie kann der Oswald das wissen,
Dieser Speichellecker!
Der war doch damals mit die Dachdecker
Bei Wasmann in Akkord.

Hermine! Ehrenwort!
Ich habe den Hinz nur rausgeschmissen,
Weil er gesagt hat: Du hättest die Konkurrenz beschummelt,
Und ich habe ihm das verbeten
Und nur ganz leise in den Rücken getreten.

Mir ist doch wurscht, ob ihr zusammen poussiert
Und in die Wirtshäuser lauft.
Ich will nur nicht, dass ihr das Geld versauft,
Wo eigentlich mir zugebührt.

Hinz und Hillbrecht haben die Dreikantfeile und den Vorschlaghammer an Meßmer verkauft.

Und mich haben sie ausgeschmiert.
Hinz ist überhaupt gar nicht organisiert.
Und der soll mich bloß nicht reizen,
Und deswegen könntest du immerhin die Stube heizen.
Denn wenn wir auch arm sein – –
Ich habe nur eine Hand, aber wehe, wenn sie sich ballt.
Vor den Feuern ist's heiß, und der Heimweg ist kalt.
Und wenn man nach Hause kommt, soll es dann wenigstens warm sein.
Aber ihr treibt alle Schwindel und Betrug,
Und der Oswald ist ebenso schlecht,
Und Hinz hat an einem Ohr noch übergenug.
Und ich poche auf mein ehrliches Recht
Und lasse mich nicht von denen verkohlen.
– Schweine sind's! –
Und den Hammer und die Feile haben nicht Hillbrecht und Hinz,
Den habe ich ganz alleine gestohlen!!

NACHTGALLE

Weil meine beiden Beine
Erfolglos müde sind
Und weil ich gerade einsam bin,
Wie ein hausierendes Streichholzkind,
Setz ich mich in die Anlagen hin
Und weine.

Nun hab ich lange geweint.
Es wird schon Nacht; und mir scheint,
Der liebe Gott sei beschäftigt.
Und das Leben ist – – alles, was es nur gibt:
Wahn, Krautsalat, Kampf oder Seife.
Ich erhebe mich leidlich gekräftigt.
Ich weiß eine Zeitungsfrau, die mich liebt.
Und ich pfeife.

Ein querendes Auto tutet. –
Nicht Gold noch Stein waren echt
An dem Ring, den ich gestern gefunden. –
Die nächtliche Straße blutet
Aus tausend Wunden.
Und das ist so recht.

DAS GESELLENSTÜCK

Mahagoni auf Eiche furniert.
Deckel sauber scharniert.
Alle Bretter gefedert, gespundet.
Die Ecken fein weich gerundet.
Die Seitenwände mit tiefgeschnitzten
Weintrauben und Schellfischen geziert.
Das war bei Weber in Osnabrück
Mein Gesellenstück.

Selbst Wasmann und Peter sagten 1910:
Solch einen Sarg hätten sie noch nie gesehn.

Ohne mich rühmen. Das soll einer machen.
Und dabei alles selber gemacht.
Die Griffe kupfergeschmiedete Drachen,
Die Füße gedrechselt (((Acht, sacht, Pracht, lacht, gedacht))),
Auf den Deckel in Rundschrift fein säuberlich
Eingebrannt: »Sarg für Frau (Doppelpunkt Strich)«.
Inwendig ein rosshaargepolstertes Bett,
Rosa Pünktchen auf Gelb-Violett.
Ich habe manchmal des Studiums wegen
24 Stunden darin gelegen.
Da war ein durch schöne Bilder verdecktes

Speiseregal zur linken Hand,
Wo Camembert, Zwieback und Butter stand
Und Trockengemüse und Eingewecktes. –

Auf den leisesten Druck mit der Zehe im Schlaf
Löste sich zu Fußende ein Kinematograph
Und zeigte abwechselnd »Brudermord«
Und »Torpedoangriff an Steuerbord«.
Alle zwei Stunden von selbst automatisch
Spielte ein Grammophon ganz zart:
»Ich bin der Doktor Eisenbarth.«

Außerdem roch es dort sehr sympathisch
Nach Moschus, Kampfer und kalter Küche.
Von wegen die Leichengerüche.

Und dann die Technik und das Komfort:
Kalender, das Telefon rechts am Ohr,
Glühbirnen und Klingeln. Ein tolles Gewirr.
Auch ein kleines, versilbertes Nachtgeschirr. –
Und Wasserstandglas und Thermometer.
Kurz herrlich! herrlich! – Wasmann und Peter

Hätten wir glattweg fünftausend Mark
Und doppelt soviel gezahlt für den Sarg.
Und das war damals ein Geld, wenn man's denkt.

Aber ich hänge nicht so am Golde. –
Und so hab ich ihn dann meiner Tante Isolde
Zum 70. Geburtstag geschenkt.

DIE NEUEN FERNEN

In der Stratosphäre,
Links vom Eingang, führt ein Gang
(Wenn er nicht verschüttet wäre)
Sieben Kilometer lang
Bis ins Ungefähre.

Dort erkennt man weit und breit
Nichts. Denn dort herrscht Dunkelheit.
Wenn man da die Augen schließt
Und sich langsam selbst erschießt,
Dann erinnert man sich gern
An den deutschen Abendstern.

ES LOHNT SICH DOCH

Es lohnt sich doch, ein wenig lieb zu sein
Und alles auf das Einfachste zu schrauben.
Und es ist gar nicht Großmut zu verzeihn,
Dass andere ganz anders als wir glauben.

Und stimmte es, dass Leidenschaft Natur
Bedeutete im Guten und im Bösen,
Ist doch ein Knoten in dem Schuhband nur
Mit Ruhe und mit Liebe aufzulösen.

SEHNSUCHT NACH ZUFALL

Es gibt freiwilliges Allein,
Das doch ein wenig innen blutet.

Verfrühter Gast in einer Schenke sein,
Wo uns derzeit kein Freund vermutet – –

Und käme plötzlich doch der Freund herein,
Den gleiche Abenteuer-Wehmut lenkt,
Dann wird es schön! Dann steigt aus schlaffen Träumen
Ein gegenseitig stärkendes Sichbäumen
Und spricht, was in ihm rau und redlich denkt.

SO GUT WIE SCHLECHT

Menschen kenne ich: denen es gut geht,
Die sich aber auch Mühe geben,
Anständig nach innen und außen zu leben.

Da ihnen das gut steht
Und sie repräsentable Erscheinungen
Sind, hört man ihre Meinungen
Mit Behagen. –
Bis man erstaunt entdeckt,
Dass sie keine andre Meinung vertragen. –

Hat ein Vögelchen erschreckt
Sich geduckt im Busch versteckt;
Putzte traurig, putzte stumm
Lange noch an sich herum.

WO IST DER MENSCH, DEN ...

Wo ist der Mensch, den ich gerade brauche?
Mir ist illegitim traurig zu Mut.
Als läge meine Traurigkeit im Bauche.

Ach, welche Menschen sind denn eigentlich gut?
Ich kann es mir im Grunde nicht verhehlen,
Dass ich jetzt böse grüble über die,
Die augenblicklich mir gerade fehlen.

Und kämen sie: Wie schroff empfing ich sie!
Misstrauisch würde selbst mein Loben klagen,
Und wenn ich sänge, wie ein Vogel singt.
Auch käme ich gar nicht darauf, zu fragen,
Ob sie nicht just auch einen von den Tagen
Durchgrübeln, da uns alles schmal misslingt.

SPUTE DICH!

Spute dich, ehe das Postamt schließt!
Wenn auch ein Anziehn für nur zehn Minuten
Und ein Pustegehtaus-Lauf verdrießt:
Minute spart Tage im Sputen.

Fertiggestellt und nicht abgeschickt – –,
Wem nützen halbe Sachen?
Freut man sich nicht nach Erwachen,
Wenn man schon Antwort auf gestern erblickt?
Freut man sich, wenn die Uhr nicht mehr tickt?

Versäume nichts, wenn dich der Moment
Mahnt. Irgendwer, der dich liebt und kennt,
Stirbt vielleicht fern, während du niest.
Ahnt vielleicht, dass du ihn nicht liebst. – –

Wenn du ihm jetzt schriebst,
Ihm, den du nicht wiedersiehst – –

Spute dich, ehe das Postamt schließt.

STILLE STRASSE

Nachts. – Straße. – Fragen Sie nicht, wo und wann.
Auch gleich vorausgesagt, dass nichts geschah. –
Da stand ein unscheinbarer, älterer Mann,
Der unverwandt nach einem Fenster sah.

Vielleicht war er – ich hatte leider Zeit –
Ein Lump, ein Trunkner oder ein Idiot –
Doch es schlägt niemals eine Möglichkeit
Die andre tot.

Wenn solch ein Anblick uns sechs, sieben Mal
Um einen Häuserblock spazierentreibt,
Zu sehen, wie der Mann dort stehenbleibt;
Vielleicht sind wir dann nur sentimental.

Aber dem Einsamen ist Stilles nah,
Wenn er das Laute nicht bezahlen kann. –

Da stand ein unscheinbarer, älterer Mann,
Der unverwandt nach einem Fenster sah.

WIE MAG ER AUSSEHEN?

Wer hat zum Steuerbogenformular
Den Text erfunden?
Ob der in jenen Stunden,
Da er dies Wunderwirr gebar,
Wohl ganz – – – oder total – – war?

Du liest den Text. Du sinnst. Du spinnst.
Du grinst – »Welch Rinds'« – Und du beginnst
Wieder und wieder. – Eisigkalt
Kommt die Vision dir »Heilanstalt«.

Für ihn? Für dich? – Dein Witz erblasst.
Der Mann, der jenen Text verfasst,
Was mag er dünkeln oder wähnen?
Ahnt er denn nichts von Zeitverlust und Tränen?

Wir kommen nicht auf seine Spur.
Und er muss wohl so sein und bleiben.
Auf seinen Grabstein sollte man nur
Den Text vom Steuerbogen schreiben.

WAS IST KUNST?

Was ist Kunst?? Verwegen ging die Frage
Durch Jahrhunderte und bis in meine Tage.

Doch in mein Haar griff eines Windes Wehen.
Und Straßensänger sangen mir von fern:
»Weißt du wie viel Sternlein stehen? –«

Am Himmel hoch erlosch im Licht ein Stern.

HERBST

Eine trübe, kaltfeuchte Wagenspur:
Das ist die herbstliche Natur.
Sie hat geleuchtet, geduftet, und trug
Ihr Früchte. – Nun, ausgeglichen,
Hat sie vom Kämpfen und Wachsen genug. –
Scheint's nicht, als wäre alles Betrug
Gewesen, was ihr entwichen?!

Das Händesinken in den Schoß,
Das Zweifeln am eignen, an allem Groß,
Das Unbunte und Leise,
Das ist so schön, dass es wiederjung
Beginnen kann, wenn Erinnerung
Es nicht klein machte, sondern weise.

Ein Nebel blaut über das Blätterbraun,
Das zwischen den Bäumen den Boden bedeckt.

Wenn ihr euren Herbst entdeckt:
Dann seid darüber nicht traurig, ihr Fraun.

SINNENDER SPATENSTICH

Unter der Erde murkst etwas,
Unter der Erde auf Erden.
Pitschert, drängelt. – Was will das
Ding oder was wird aus dem Ding,
Das doch in sich anfing, einmal werden??

Knolle, Puppe, Keim jeder Art
Hält die Erde bewahrt,
Um sie vorzubereiten
Für neue Zeiten.

Die Erde, die so viel Gestorbenes deckt,
Gibt dem Abfall, auch Sonderlingen,
Asyl und Ruhe und Schlaf. Und erweckt
Sie streng pünktlich zu Zwiebeln, zu
Schmetterlingen.
Zu Quellen, zu Kohlen – – –

Unter der Erde murkst ein Ding,
Irgendwas oder ein Engerling.
Zappelt es? Tickt es? Erbebt es? –
Aber eines Tages lebt es.
Als turmaufkletternde Ranke,
Als Autoöl, als Gedanke – – –

Fäule, Feuchtigkeit oder feiner Humor
Bringen immer wieder Leben hervor.

STUTTGARTS WEIN- UND BÄCKERSTÜBCHEN

Vor dem heißen Ofen balgen
Katzen sich. Wie dumme Jungen.
Auf dem Tisch an kleinem Galgen
Hängen Brezel, schön geschwungen.

Würdebärte schlürfen kräftig
Wichtig diskutierte Weine. –
Links im Laden bückt die kleine
Bäckerstochter sich geschäftig.

Zinn blitzt von der Holz-Fassade.
Zeichnungen an allen Wänden,
(Stumm, mit mehlbestaubten Händen,
Rückt der Wirt die schiefen gerade.)

Setzte mich so ganz bescheiden hin
Und vergaß auch nicht, sehr laut zu grüßen.
Dennoch ließen Blicke mich leicht büßen,
Dass ich kein Stuttgarter bin.

GNÄDIGE FRAU, BITTE TRÖSTEN SIE MICH

Gnädige Frau, bitte trösten Sie mich
Über mein inneres Grau.
Das ist kein Scharwenz um ein Liebedich. –
Gnädige Frau, seien Sie gnädige Frau.

Mein Herz ward arm, meine Nacht ist schwer,
Und ich kann den Weg nicht mehr finden. –
Was ich erbitte, bemüht Sie nicht mehr,
Als wenn Sie ein Sträußchen binden.

Es kann ein Streicheln von euch, ein Hauch
Tausend drohende Klingen verbiegen.

Gnädige Frau,
Euer Himmel ist blau!

Ich friere. Es ist so lange kein Rauch
Aus meinem Schornstein gestiegen.

GEDICHT MIT »VARIATIONEN« AUS
DER ERZÄHLUNG »DAS GEDICHT«

Kalt schwieg die Nacht; mit schwarzem Kleide
Barg sie der Erde Heiterkeit.
Ein Weib stand einsam in der Heide
Und starrte in die Dunkelheit.

Als wenn ein Trost dort für das wunde,
Verzagte Herz zu hoffen wär;
Und starrte durch die stille Stunde
Ins schattenvage Ungefähr.

Bis sich in ihrer Augen Sterne
Ein Leuchten stahl wie junger Lenz.
Sie sah in gnadenreicher Ferne – – –

★

Bis sich in ihrer Augen Sterne
Ein Leuchten stahl wie junger Lenz,
Sie sah in gnadenreicher Ferne
Ihren geliebten Peter Joseph Kamenz

★

Kalt schwieg die Nacht im schwarzen Kleide.
Sie barg der Erde Fröhlichkeit.
Ein Weib stand einsam auf der Heide
Und schaute in die Dunkelheit.

Sie schaute manche stille Stunde
Hinaus ins schwarze Schattenmeer,
Als wenn für ihres Herzens Wunde
Ein Trost noch dort zu finden wär.

Bis plötzlich ihrer Augen Sterne
Hell leuchteten wie junger Lenz.
Sie sah in weiter, weiter Ferne:
»Fritz Hosemeyers Punschessenz«.

GESPRÄCH IM STURM AUF DER RAA

Pschsch – – – bumms – bäx!
Noch solchen Brecher, dann saufen
Wir ab.
Dann singt der Pastor – pschsch – – – bumms –
»Wellengrab«.
Pitt! Ob du, wenn wir noch diesmal lebendig einlaufen,
Ob du Bengel dann wohl jemals wieder zur See fährst?
Ja, wenn du wie ich zehn Jahre auf Walfischern gondelt wärst!
Aber ich sag dir was. – Reich mal den
Marlspieker, Pitt! –
Wenn ik versuppe: Ich nehme ein großes
Wundergeheimnis mit.
Ich habe ein Javaweib gekannt, – Pitt hör man tau! –

Ich will, wenn ich löge, jetzt abstürzen und
absacken,
Die hatte acht Titten. Bei Gott, genau as'n Sau,
Oder wie beim Kommiss die Knöpfe an die
Paradejacken. –
Pschsch – Halt dich fest – bumms – – –
Verfluchter Beschiss!
Mach einer hier oben bei solcher See einen Spliss.
Also dies Weib – – Wie? Was? Ich verstehe kein
Wort. –
Wenn man die an die backbordschen Titten riss
Bumms – Fokyourself! – Pitt! Pitt! – Armer Kerl!
Er ist fort.
Hallo an Deck! Schickt einen Mann auf die Raa.
Den Pitt hat's erwischt. Ich bin noch da.

DER SÄCHSISCHE DIALEKT

Wenn man den sächsischen Dialekt
Ein bisschen dehnt und ein bisschen streckt
Und spricht ihn noch ein bisschen tran'ger,
Dann hält einen jeder für einen S p a n i e r !

Unveröffentlichte Fassung:

Wemmer dn sächsschen Dialekt
Ä bisschen dehnt, ä bisschen schdreckt
Un schbrichdn noch ä bisschen trahnichr, – –
Dann häld en jeder fürn Schpanichr.

LAUTSPRECHER

Du weißt sehr wohl, was du erweckst,
Du Frau, mit deinen schönen Beinen.
Ob du sie wenig oder mehr versteckst.
Das ist ein Spiegelspiel mit Scheinen.

Spiel muss die Phantasie belügen.
Lüge ermisst nicht, was sie nimmt.
Die Kühnheit nur genießt Vergnügen,
Die weit hinaus in Klarheit schwimmt.

Bein: Knochen, Fleisch und Haut daran.
Auf die Gefahr hin, dass dein Ehemann
Mir Hut und Hirn zerknüllt,
Drängt es mich, laut in alle Welt zu schrein:
O schöne Frau, ich möchte eingehüllt
In tausend Beine so wie deine sein.

STÖRTEBEKERLIED

Seeräuber und Kameraden,
Wenn meine Augen richtig sind,
Hat die Bark voraus auch Fässer geladen. –
Auf, ihr Hurenboys! An die Brassen!
Royal hoch! Alle Lappen noch härter an den Wind.
Denn die Hunde wittern Blut,
Denn sie segeln gut,
Das muss der Teufel ihnen lassen.

Hei! Holt die hollandsche nieder
Und hisst die Flagge rot – rot – rot!
Und singt recht schweinische Lieder.
Vielleicht ist einer von uns morgen tot.
Denn sie haben eine Kanone an Bord
Und ein halbes Dutzend Soldaten
Mit Blei und mit Dünnschiss geladen.
Wir aber sind kühne Piraten
Und fürchten nicht Tod noch Mord.
Wir sind weder fromm – aber frei.

Was mag in dem Schiffe wohl sonst noch sein?
Kakerlaken oder Seife oder Gold oder Wein? –
Nun signalisiert: »Dreht bei!«
Und ich, euer Captain, rufe: Enterhaken klar!

Und kämmt den Krämern das ölige Haar.
Nur merkt euch: Die Leute alle über dreißig Jahr
Sollen leben bleiben. Leben bleiben –
Nun hofft, wie es kommt, und glaubt, wie es war.
Und fragt nicht, wie lang wir's noch treiben.

Liebe mit mir verfluchte Halunken,
Was soll denn mit den
Unter dreißig geschehn?
Die machen wir mit Braunteer betrunken.
Aber wer uns gefällt,
Weil er's ehrlich mit uns hält,
Dem sei das Leben geschunken.
Den andern aber sagen wir: Amerika ist nah.
Und knüpfen sie sauber an die Obermarsraa.

Old sailors! Likedelers!
Kommt selber und schaut:
Sie haben ein Weibstück an Bord. Unsre Braut,
Sie soll leben! Unsre Braut, sie soll leben!
Und ich werde sie weitergeben,
Bis zuletzt sie der Schiffsjunge nimmt.
Der soll dann mit Eisenstücken
Und Ankerketten sie schmücken
Und sehen, wie weit sie damit schwimmt.

FORTSCHRITT

Wenn Herr Alt Herrn Jung zerpredigt,
Denke Jung für sich: Erledigt!

In die Weite,
In die Enge
Forschen wir in unsren Zeiten.
Über Breite,
Abstand, Länge
Wird man später weiterschreiten.

Gilt – noch später – statt der Logik
Beispielsweise einmal Pogik;
Werden wir den Mars erreichen.
Nach und nach fast alle Sterne.

Und das Ziel? – Wird vor uns weichen
Schritt für Schritt als ewige Ferne.

Denkt euch doch mal ungefähr:
Wie sehr klein, sehr groß das wär,
In Bezug auf Weite, Nähe,
Wenn ein Cholerabazill
Mikroskopisch Kleinres sähe.

Rückwärts, vorwärts, – jeder gehe
Langsam, schneller oder stehe
Still.
Wie er's kann und darf und will.
Eidechs bis zum Krokodil,
Bundeskanzler bis stud. phil. –
Doch hier bildet sich ein Riss
Durch die Frage: »Gibt's ein Bis?«

Auch was geistentgleist, getreu
Stehen bleibt, stirbt rückwärts lebend
Und wird nimmer wieder neu. –
Knochen-, Zeitepochenreste. –

Wenn wir, uns nach vorwärts strebend,
Uns mitunter überrennen,
Aber am Erreicht das Beste
Nur als gottbestellt erkennen,
Haben wir ein Leben lang,
Manchmal scheißfroh, manchmal bang,
Doch lebendig es erfahren,
Dass wir glücklich waren.

SCHALLPLATTEN

Schallplatten, ihr runden,
Verschönt uns die Stunden
Laut oder leise,
Tief oder hell,
Wie wir euch bestellt.
Dreht euch im Kreise.

Das Karussell
Der geistigen Welt.

Erwähltes schwinge,
Ein Spiel erklinge,
Ein Sänger singe,
Ein Dichter spricht;
Aus fernen Landen,
Aus Nichtmehrvorhanden. –

Wir sehen sie nicht.
Was sie uns gegeben,
Wird Künftigen bleiben,
Wird weiter leben,
Wir ihr es banntet,
Ihr kreisenden Scheiben,

Wie ihr erkanntet,
Was ewig gefällt.

Die Kunst erhält.

TANGO

Denn nur zu zweit
Und dann ganz zu zweit allein
Kann ein Geheimnis
Ewig Geheimnis sein.
Fühlst du wie ich,
O dann ist's getreu verwahrt,
Dann war auch Liebe dahinter,
Liebe ist still und zart.
Denn nur zu zweit
Und dann ganz zu zweit allein
Kann ein Geheimnis
Ewig Geheimnis sein.
Nur eine leise Melodie,
Der alte Jugendtraum,
Jenes Märchen von Er und Sie.

Du, an die ich jetzt denke, vergiss es nie!
Du, an die – Erinnerst du wann und wie?
Nie vergessen sie dieses Gedicht,
Jene Nacht. – Doch erzähl es nicht!
Du, an die ich jetzt denke, vergiss es nie.
Melodie – nur Melodie.

VERGEHE ZEIT!

Vergehe Zeit und mach einer besseren Platz!
Wir haben doch nun genug verloren.
Setz einen Punkt hinter den grausamen Satz
»Ihr habt mich heraufbeschworen.«

Was wir, die Alten, noch immer nicht abgebüßt,
Willst du es nicht zum Wohle der Jugend erlassen?!
Kaum kennen wir's noch, dass fremde Hände
sich fassen
Und Fremdwer zu Ungleich sagt: »Sei herzlich
gegrüßt.«

Lass deine Warnung zurück und geh schnell vorbei,
Dass wir aufrecht stehen.
Vergönne uns allen zuinnerst frei
Das schön Grün unsrer Erde zu sehen.

DREIJÄHRIGER SEIFENBLÄSER

Nicht ein Kind, das Pfeife raucht,
Sondern diese Pfeife
Ernst in Seifenwasser taucht,
Bläschen bläst aus Seife.

Dieser junge Firlefanz
Sendet Luftballone,
Schillernd wie Perlmutterglanz
Aus von dem Balkone.

Freut sich, bis sie leicht entflohn,
Freut sich am Entstehen,
An der Fabrikation.

Doch wohin sie gehen,
Dirigiert vom kleinsten Wind
Und wie bald zerrissen
Sie zerschellte Welten sind,
Weiß es nicht, und soll solch Kind
Auch noch gar nicht wissen.

JENE KLEINSTEN EHRLICHEN ARTISTEN

Jener kleinsten, ehrlichen Artisten
Denk ich, die kein Ruhm belohnt,
Die ihr Dasein ärmlich, fleißig fristen,
Und in denen nur die Zukunft wohnt.

In Programmen stehen sie bescheiden,
Und das Publikum bleibt ihnen stumm.
Dennoch geben sie ihr Bestes und beneiden
Größre nicht. Und wissen nicht, warum.

Grober Dünkel drückt sie in die Ecken.
Ihr Grenze ist der Rampenschein.
Aber nachts vor kleinen Mädchen recken
Sie sich auf in Künstlerschwärmerein.

Die ihr blieben sollt, wo wir begonnen,
Mögt ihr ruhmlos sein und unbegabt,
Doch euch tröstet: Uns ist viel zerronnen,
Schönes, was ihr jetzt noch in euch habt.

Ehrlichkeit ist Kunst und derart selten,
Dass es wenig Wichtigeres gibt.
Euer Schicksal wird euch reich vergelten,
Dass ihr euer Schicksal habt geliebt.

JOACHIM RINGELNATZ

wurde am 7. August 1883 als Hans Bötticher in Wurzen geboren. Nach der Schulzeit, die er »unwissend wie eine Kanone« hinter sich gelassen hatte, fuhr er zur See und überstand den Ersten Weltkrieg als Kommandant eines Minensuchbootes. Danach war er in mehr als vierzig Berufen tätig, darunter Straßensänger, Fremdenführer, Bibliothekar und Schaufensterdekorateur. Schließlich landete er in der Münchner Künstlerkneipe Simplicissimus. Hier begann 1909 seine Karriere, hier lernte er auch Lona Piper kennen, die er bald darauf heiratete. Seine große Zeit als Meister der Kleinkunstbühne unter dem Namen Joachim Ringelnatz brach 1920 an, als er auch in Max Reinhardts Schall und Rauch in Berlin auftrat. Bis heute passt Ringelnatz in keine Schublade der Kunstkritik: Er war schreibender Matrose und Werbetexter, halb Vagabund, halb versoffenes Genie. Ringelnatz starb am 17. November 1934, im Alter von 51 Jahren, in Berlin.

DIE KLEINE KOMISCHE BIBLIOTHEK

64 Seiten, ISBN 978-3-0369-5248-2
€ 7.90, SFr. 13.90

In diesem kulinarischen »Wildwest-Schundroman« lässt Harry Rowohlt ein Feuerwerk an wortgewaltigem Nonsens, Finten und Pointen vom Stapel laufen. Nicht nur die berüchtigten Enfield-Drillinge, sondern auch herumstreunende Apatschen muss der Held der Geschichte aus dem Weg räumen, damit er endlich zu seinem Leibgericht *Schlichtglibber Shaolin* kommt.

»Ein kulinarischer Scherz, aber ein genialer, mit wunderbaren Karikaturen.« *Stern*

DIE KLEINE KOMISCHE BIBLIOTHEK

96 Seiten, ISBN 978-3-0369-5254-3
€ 7.90, SFr. 13.90

»Ja, die Frage der Buchhandhabung. Vorgestern sprach ich über den Bedarf, den wir an einem professionellen Buchhandhaber haben, einem Menschen, der die Bücher analphabetischer, aber wohlhabender Emporkömmlinge so zaust, dass die Bücher aussehen, als seien sie von ihren Besitzern mindestens zweimal gelesen worden. Wie viel Arten des Zausens würde es geben? Ohne länger darüber nachzudenken würde ich sagen: vier ...«

CD, ISBN 978-3-0369-1101-4
€ 9.90, SFr. 14.90

»Da Stecken viele Stimmen und Stimmungen, Töne und Zwischentöne drin, die Harry Rowohlt allesamt mit seinem mal rauchigen, mal klangvollen Bass hervorzulocken versteht.« *Tages-Anzeiger*